Notions Scolaires
DE MUSIQUE

PAR

A. LAVIGNAC

Professeur d'Harmonie au Conservatoire National de Musique

DEUXIÈME ANNÉE

LIVRE DE L'ÉLÈVE

PRINCIPES THÉORIQUES — SOLFÈGE & CHANTS AVEC PAROLES

DEVOIRS A ÉCRIRE — QUESTIONNAIRE

Cartonné, Prix net : **3** francs

LIVRE DU PROFESSEUR

SOLUTIONS DES DEVOIRS

RÉPONSES AU QUESTIONNAIRE — DICTÉES

Broché, Prix net : **1 fr. 25**

HENRY LEMOINE & Cie

17, Rue Pigalle, PARIS — BRUXELLES, Rue de l'Hôpital, 44

Reproduction et traduction réservées pour tous pays,
y compris la Suède, la Norvège et le Danemark.

NOTES DE L'AUTEUR

Ce *deuxième volume* ne peut être étudié avec profit que par les élèves qui ont déjà une connaissance complète du 1ᵉʳ *volume* des **Notions scolaires de Musique**.

Il contient la somme de travail que l'on peut normalement exiger d'enfants fréquentant les établissements scolaires, et déjà parvenus à ce degré d'instruction musicale, dans une deuxième année d'études; et ceux qui sont bien doués y trouveront tous les éléments nécessaires pour entreprendre dès lors les études élémentaires d'harmonie.

Le plan de cet ouvrage est en quelque sorte calqué sur celui du 1ᵉʳ volume, dont il n'est que le complément et le développement. On trouvera pourtant vers la fin, des notions concernant la *Transposition*, dont il n'avait pu être parlé dans le livre de première année.

En dehors de cela, la disposition des Leçons reste la même :

1º *Exposition des principes théoriques.*
2º *Questionnaire et devoirs à écrire* en dehors du Cours.
3º *Chants avec paroles*, mais maintenant plus seulement à une voix, le plus souvent à deux ou trois voix, même une fois à quatre.

Au sujet du *Questionnaire*, je rappelle qu'il contient toujours, à la suite des questions ayant trait au sujet théorique qui fait l'objet du chapitre, d'autres questions concernant d'autres sujets antérieurement traités; le but de ces questions est de maintenir l'ensemble de la théorie dans la mémoire de l'élève.

A ces divers exercices s'ajoutent, comme dans le 1ᵉʳ volume, des exercices de *Dictée musicale*, plus mélodiques maintenant, et qui, bien entendu, ne peuvent figurer que dans le livre du Professeur.

(Dans ce livre du Professeur, qui est un *Corrigé*, on trouvera disposé systématiquement, comme dans le volume de Première année :

1º Les réponses aux Questionnaires.
2º La solution du Devoir.
3º La Dictée.

C'est-à-dire tout ce qui est utile au Professeur, pour pouvoir effectuer les corrections sûrement et sans perte de temps.

Les *Leçons* à plusieurs voix devront toujours être étudiées d'abord par chaque partie séparée, avant de les réunir.

Il en est de même des *Chants avec paroles* qu'on devra premièrement faire solfier par chaque partie prise à part, puis par l'ensemble, avant d'y adjoindre les paroles.

(Il est *nécessaire* de toujours procéder ainsi, même si le professeur jugeait ses élèves capables de déchiffrer d'emblée leurs diverses parties avec l'adjonction du texte.)

La plupart des leçons de Solfège sont empruntées au *Solfège des Solfèges* ou à des *Recueils de Chants populaires*.

Un certain nombre d'autres ont été écrites spécialement par mon élève et ami Robert Moreau (R. M.), qui m'a également aidé dans le classement **général** de l'ouvrage et la correction des épreuves.

Enfin, toutes les fois qu'il a été nécessaire, en raison des exigences scolaires, que les paroles soient remaniées ou entièrement renouvelées, j'ai confié ce travail délicat à M. Paul Géraldy, qu'indiquent les initiales P. G.

A l'un comme à l'autre, je me fais un plaisir d'adresser ici mes remerciements.

A. L.

P. S. — Ce volume ne sera pas suivi d'un troisième.

Parvenus à ce degré, les élèves n'auront plus, selon leurs tendances ou leurs aptitudes, qu'à poursuivre l'intéressante étude du Chant d'ensemble, par le moyen des Sociétés chorales, Orphéons, où ils se présenteront brillamment préparés ; ou à entreprendre, s'ils se sentent portés vers la composition, les études d'harmonie, puis de contrepoint.....

A. L.

PREMIÈRE LEÇON.

Réponses au Questionnaire.

801. (Voir le livre de l'élève, page 1 et la note (*) de la même page). —
802. a La **hauteur** ou intonation, l'**intensité**, et le **timbre**.
b Du nombre de vibrations produites en un temps donné, c'est-à-dire
de leur vitesse. *c* Le degré de force du son. *d* La qualité du son.
e D'une succession de sons musicaux formant un chant agréable. *f* La
symétrie dans un mouvement mesuré. *g.* L'accord de plusieurs sons
émis simultanément. — *803.* Par les sept premières lettres de l'alpha-
bet. — *804.* Elle en a un d'abord deux, puis assez longtemps trois
et quatre, avant d'arriver au nombre actuel de cinq.—*805.* Le plain-
chant s'écrivait et s'écrit encore avec des notes de forme carrée
ou en losange. — *806.* Mi bémol. — *807.* Sol bémol. — *808.* La
gamme de La majeur. — *809.* Fa. — *810.* Si bémol. — *811.* Si
bémol. — *812.* Au ton de La mineur.

Devoir.

Dictée.

DEUXIÈME LEÇON.

Réponses au Questionnaire.

813. Non, il peut y avoir changement de clef dans le courant d'un morceau. — *814.* Elles indiquent aussi leur place exacte dans l'échelle musicale. — *815.* La clef de Sol sur la 2ᵉ ligne (anciennement aussi sur la 1ʳᵉ); la clef de Fa sur la 3ᵉ et la 4ᵉ lignes; la clef d'Ut sur les quatre premières lignes. — *816.* En clef de Sol: **si**, en clef de Fa 4ᵉ: **ré**, en clef de Fa 3ᵉ: **fa**, en clef d'Ut 4ᵉ: **la**, en clef d'Ut 3ᵉ: **do**, en clef d'Ut 2ᵉ: **mi**, en clef d' Ut 1ʳᵉ: **sol**. —

817. 

— *818.* Fa. — *819.* Do. — *820.* Mi bémol, La bémol, Si bémol. — *821.* La majeur et Fa dièse mineur. — *822.* La mesure à $\frac{12}{8}$. — *823.* Ré. — *824.* A la triple croche.

Devoir.

Dictée.

TROISIÈME LEÇON.

Réponses au Questionnaire.

825. La basse, le baryton et le ténor. Le contralto, le mezzo-soprano, et le soprano. — *826.* La basse — Le ténor. — *827.* Le soprano — Le contralto. — *828.* La clef d'Ut 1ère — La clef d'Ut 4e — La clef d'Ut 3e — La clef de Fa 4e. — *829.* 13 degrés environ. — *830.* Soprano, mezzo-soprano, contralto, ténor — Soprano et mezzo-soprano — Contralto — Ténor — Baryton et basse. — *831.* Une ligne pointillée, précédée du signe *8a*, que l'on place au-dessus ou au-dessous des notes pour indiquer qu'elles doivent-être exécutées une octave plus haut ou plus bas. — *832.* Mi bémol majeur et Do mineur. — *833.* La mesure à $\frac{3}{4}$. — *834.* Fa dièse. — *835.* La voix de Soprano et la voix de Basse. — *835.* La voix de Contralto et la voix de Ténor.

Devoir.

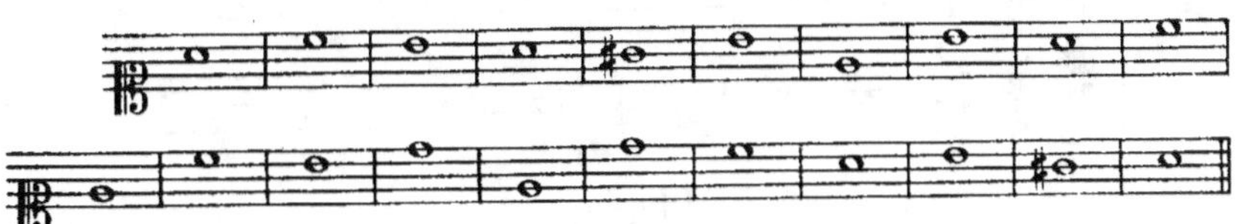

Cet exercice est dans le ton de La mineur.

Dictée.

QUATRIÈME LEÇON.

Réponses au Questionnaire.

837. (Voir le §1 de la 4ᵉ Leçon au livre de l'élève). — *838.* La **maxime**, la **longue**, la **brève** ou note carrée, la **semi-brève,** la **minime**, la **demi-minime**, la **fusa**. — *839.* Si. — la **brève** ou note carrée. — *840.* Quand plusieurs notes doivent être émises en vocalisant sur une seule syllabe. — *841.* Quand il y a autant de syllabes que de notes. — *842.* Au moyen de la liaison. — *843.* De quatre tons et un demi-ton diatonique. — *844.* La. — *845.* Fa bémol. — *846.* Do dièse. — *847.* Sol. — *848.* Gamme.

Devoir.

Dictée.

CINQUIÈME LEÇON.

Réponses au Questionnaire.

849. C'est ce qui arrive le plus souvent, mais elle peut changer.
— *850.* Oui, notamment dans la musique pour Piano, Harpe, Orgue,
dans la musique pour plusieurs voix ou instruments, et surtout dans
la partition d'orchestre. — *851.* Il y a aussi des mesures (peu
usitées) à 5, 7 et même 9 temps. — *852.* Il représente une mesure
dont l'unité serait la maxime. — *853.* Do dièse. — *854.* Fa dièse.
—*855.* En Mi bémol majeur. — *856.* Triolet. — *857.* La. — *858.* Si.
—*859.* Mi bémol. — *860.* Sextolet.

Devoir.

Cet exercice est dans le ton de Fa ♯ mineur.

Dictée.

SIXIÈME LEÇON.

Réponses au Questionnaire.

861. De douze manières. — *862.* A 2 temps, $\frac{2}{1}$ et $\frac{2}{8}$. A 3 temps, $\frac{3}{1}$.

A 4 temps, $\frac{4}{4}$. — *863.* ¢ . — *864.* De deux tons et un   demi - ton diatonique. — *865.* De deux tons. — *866.* A la double croche. — *867.* Si. — *868.* Si bémol. — *869.* Une septième. — *870.* Ré dièse. — *871.* Si. — *872.* De trois tons et deux demi-tons diatoniques.

Devoir.

Dictée.

SEPTIÈME LEÇON.

Réponses au Questionnaire.

873. Maxime. Ronde. Blanche. Noire. — *874.* Maxime pointée. Ronde pointée. Blanche pointée. Noire pointée. — *875.* Deux maximes. Maxime. Ronde. Blanche. — *876.* Ronde. Blanche. Noire. Croche. — *877.* Ronde. Blanche. Noire. Croche. — *878.* Ronde.

Blanche. Noire. Croche. — *879.* Si. — *880.* Ré. — *881.* Fa dièse.—
882. La mesure à $\frac{12}{8}$. — *883.* Par un soupir et un demi-soupir. —
884. Les mesures à $\frac{2}{4}$, $\frac{3}{4}$ et $\frac{4}{4}$.

HUITIÈME LEÇON.

Réponses au Questionnaire.

885. Le baton de 8 pauses, le baton de 4 pauses, le baton de
2 pauses, la pause, la demi-pause. — *886.* Par la pause, pourvu
que la mesure n'excède pas la valeur de la ronde. — *887.* En
numérotant chaque mesure, au dessus de la pause. — *888.* Par
une double barre oblique, surmontée d'un chiffre indiquant le
nombre de mesures en silences. — *889.* Ré. — *890.* Si bémol .
— *891.* Mi dièse. — *892.* Douze. — *893.* Douze. — *894.* De trois
tons et un demi-ton diatonique. — *895.* La mesure à $\frac{4}{4}$. — *896.*
La mesure à $\frac{9}{8}$.

Devoir.

Dictée.

NEUVIÈME LEÇON.

Réponses au Questionnaire.

897. Trois croches en triolet. — *898.* Trois noires en triolet.—
899. Gamme diatonique majeure. — *900.* Gamme diatonique mineure.
—*901.* $\frac{3}{4}$, $\frac{6}{8}$ et $\frac{2}{4}$ (en triolets). — *902.* $\frac{12}{8}$ et $\frac{4}{4}$ ou $\frac{2}{2}$ (en triolets).—
903. D'un ton. — *904.* Mi dièse. — *905.* En Mi bémol majeur ou Do
mineur. — *906.* Mi bémol majeur. — *907.* Fa. — *908.* Sol.

Devoir.

La note la plus aigüe est Fa.

La note la plus grave est La.
L'intervalle séparant ces deux notes est une treizième.

Dictée.

DIXIÈME LEÇON.

Réponses au Questionnaire.

909. Un mélange alternatif d'une mesure à 3 temps et d'une mesure à 2 temps, simples ou composées. — *910.* Le 1ᵉʳ et le 4ᵉ. — *911.* Pour la mesure à 5 temps simple, $\frac{5}{4}$ (ou $\frac{3}{4}$ et $\frac{2}{4}$ alternativement). Pour la mesure à 5 temps composée, $\frac{15}{8}$ (ou $\frac{9}{8}$ et $\frac{6}{8}$ alternativement). — *912.* La bémol, Ré bémol, Mi bémol. — *913.* Fa, Si bémol, Do. — *914.* La dièse mineur. — *915.* La. — *916.* Sol bémol. — *917.* Ré bémol. — *918.* Les mesures à $\frac{6}{8}$, $\frac{9}{8}$ et $\frac{12}{8}$. — *919.* La croche. — *920.* Sol, Do, Ré.

Devoir.

Dictée.

ONZIÈME LEÇON.

Réponses au Questionnaire.

921. Un mélange alternatif d'une mesure à 4 temps et d'une mesure à 3 temps, simples ou composées. — *922.* Le 1er et le 5e (le 3e demi-fort). — *923.* Pour la mesure à 7 temps simple, $\frac{7}{4}$ (ou $\frac{4}{4}$ et $\frac{3}{4}$ alternativement). Pour la mesure à 7 temps composée, $\frac{21}{8}$ (ou $\frac{12}{8}$ et $\frac{9}{8}$ alternativement). — *924.* $\frac{3}{4}$ ou $\frac{6}{8}$. — *925.* Si bémol. — *926.* Si bémol. — *927.* Ré. — *928.* La. — *929.* En Sol mineur. — *930.* $\frac{4}{4}$ ou $\frac{2}{2}$. — *931.* Si. — *932.* Fa.

Devoir.

Ce devoir est dans le ton d'Ut mineur.

Dictée.

DOUZIÈME LEÇON.

Réponses au Questionnaire.

933. Un mélange alternatif d'une mesure à 4 temps, d'une mesure à 3 temps et d'une mesure à 2 temps. — *934.* Le 1ᵉʳ, le 5ᵉ et le 8ᵉ (le 3ᵉ demi-fort). — *935.* Saint-Saëns a employé une fois la mesure à 11 temps (deux mesures à 4 temps suivies d'une mesure à 3 temps). — *936.* La. — *937.* Ré bémol. — *938.* Do dièse. — *939.* Si bémol. — *940.* Sol dièse. — *941.* La mesure à $\frac{2}{4}$. — *942.* La demi-pause. — *943.* Par une ronde. — *944.* Si-Do (3ᵉ-4ᵉ degré), Fa dièse-Sol (7ᵉ-8ᵉ).

Devoir.

Ce devoir est dans le ton de Sol mineur.

Dictée.

TREIZIÈME LEÇON.

Réponses au Questionnaire.

945. Ce mot vient du grec *"gamma"* qui signifiait la note la plus grave du système musical chez les grecs. — *946.* Une moitié de gamme, formée de quatre sons consécutifs. En grec, *"tetra"* signifie quatre, et *"chordé"* corde (ou son). — *947.* Des 1ᵉʳ, 2ᵉ, 3ᵉ et 4ᵉ degrés — Des 5ᵉ 6ᵉ 7ᵉ et 8ᵉ (1ᵉʳ) degrés. — *948.* Le 1ᵉʳ degré ou tonique. — *949.* *a* Dans les deux. *b* Dans le 1ᵉʳ. *c* Dans le 1ᵉʳ. *d* Dans le 1ᵉʳ. *e* Dans le 2ᵉ. *f* Dans le 2ᵉ. *g* Dans le 2ᵉ. — *950.* Une seconde majeure. Un unisson. — *951.* Une quarte augmentée. — *952.* Une seconde mineure. — *953.* A une 6ᵗᵉ mineure supérieure ou une 3ᶜᵉ majeure inférieure. — A une 6ᵗᵉ majeure supérieure ou une 3ᶜᵉ mineure inférieure. — *954.* Ré dièse. *955.* Par une blanche pointée. — *956.* Par une ronde.

QUATORZIÈME LEÇON.

Réponses au Questionnaire.

957. Sur-augmentés et sous-diminués. — *958.* Un demi ton chromatique. — *959.* La 4te et la 5te. — *960.* Une sixte mineure. — *961.* Une septième majeure. — *962.* Deux bémols: Si, Mi. — *963.* Trois bémols: Si, Mi, La. — *964.* Rien à l'armature. — *965.* Au ton de Si mineur. — *966.* Do dièse. — *967.* Fa dièse. — *968.* Fa.

Devoir.

Dictée.

QUINZIÈME LEÇON.

Réponses au Questionnaire.

969. Les premiers ne sont pas plus grands que l'octave juste; les

14

autres excèdent cette limite. — *970.* Les intervalles simples seulement. — *971.* L'octave juste.— La neuvième mineure. — *972.* L'octave juste. — *973.* Une tierce mineure. — *974.* Une seconde mineure. — *975.* Un unisson. — *976.* Une seconde majeure. — *977.* $\frac{2}{4}$, $\frac{3}{4}$ et $\frac{4}{4}$. — *978.* La mesure à $\frac{3}{4}$. — *979.* La double croche. — *980.* $\frac{3}{4}$ ou $\frac{6}{8}$.

Devoir.

Dictée.

SEIZIÈME LEÇON.

Réponses au Questionnaire.

981. En transposant sa note aigüe à l'octave supérieure, ou sa note grave à l'octave inférieure. — *982.* En transportant sa note aigüe deux ou trois octaves au-dessus, ou sa note grave deux ou trois octaves au-dessous. — *983.* En ajoutant au nombre qui représente l'intervalle simple le nombre 7, autant de fois que l'on veut opérer de redoublements. — *984.* En retranchant du nombre qui représente cet intervalle le nombre 7 autant de fois qu'il y est contenu; le reste est l'intervalle simple. — *985.* La dixième. — *986.* Diminuée, mineure, majeure et augmentée. — *987.* La sixte. — *988.* La treizième. — *989.* Sol, Do, Ré. — *990.* La sixte. — *991.* Fa. — *992.* Fa.

Devoir.

Dictée.

DIX-SEPTIÈME LEÇON.

Réponses au Questionnaire.

993. Tous les intervalles simples. — *994.* On peut renverser un intervalle soit en transportant la note grave à l'octave supérieure, soit en transportant la note aigüe à l'octave inférieure. — *995.* La 7ᵉ. La 6ᵗᵉ. La 5ᵗᵉ. La 4ᵗᵉ. La 3ᶜᵉ. La 2ᵈᵉ. La 1ᵉʳᵉ ou unisson. L'8ᵛᵉ

— *996*. Un intervalle juste aussi. Un intervalle mineur. Un intervalle majeur. Un intervalle diminué. Un intervalle augmenté. — *997*. 6te mineure. 5te juste. 3^{ce} mineure. 2de augmentée. 7me majeure. 4te diminuée. 1ère juste ou unisson. — *998*. Une sixte mineure. — *999*. Une septième majeure. — *1000*. Deux groupes de 2 croches et un triolet de croches. — *1001*. Trois groupes de 2 croches et un triolet de croches. — *1002*. Une tierce majeure. — *1003*. La quinte diminuée. — *1004*. La tierce majeure.

Devoir.

DIX-HUITIÈME LEÇON.

Réponses au Questionnaire.

1005. (A corriger d'après le texte même de la 18e leçon). —

1006. (A corriger d'après le texte même de la 18ᵉ leçon). — *1007.* Un groupe de 2 croches et trois triolets de croches. — *1008.* Au deuxième. — *1009.* Sol mineur. — *1010.* Tétracorde. — *1011.* Fa dièse, Sol, La dièse, Si. — *1012.* Enharmonie. — *1013.* Sol. — *1014.* Fa. — *1015.* Sol majeur et Sol mineur. — *1016.* Ut majeur et Ut mineur.

Devoir.

Dictée.

DIX-NEUVIÈME LEÇON.

Réponses au Questionnaire.

1017. Une note accentuée lourdement et pesamment. On l'appelle parfois *"lourré"*. — *1018.* Une note accentuée lourdement et détachée, c'est-à-dire n'étant pas soutenue pendant la durée intégrale de sa valeur. — *1019.* Une note attaquée plutôt dùrement, puis détachée. — *1020.* Do dièse, Ré (3ᵉ-4ᵉ degré); Sol dièse, La (7ᵉ-8ᵉ). — *1021.* Ré, Mi bémol (3ᵉ-4ᵉ degré); La, Si bémol (7ᵉ-8ᵉ). — *1022.* Ré bémol. — *1023.* La quinte augmentée. — *1024.* La tierce. — *1025.* Deux tons et deux demi-tons diatoniques.—*1026.* Si. — *1027.* La bémol. — *1028.* Vingt-quatre.

Devoir.

Dictée.

VINGTIÈME LEÇON.

Réponses au Questionnaire.

1029. (A corriger d'après le texte même de la 20ᵉ leçon). — *1030.* Dans la musique vocale, la liaison est employée pour réunir les notes qui doivent être exécutées sur une seule syllabe. — *1031.* La, Ré, Mi. — *1032.* Fa dièse, Si, Do dièse. — *1033.* En La majeur. — *1034.* Si bémol. — *1035.* La sixte mineure. — *1036.* Au ton d'Ut majeur. — *1037.* Au ton d'Ut mineur. — *1038.* Le chiffre 9. — *1039.* Dans la gamme d'Ut mineur. — *1040.* La mesure à $\frac{2}{2}$ ou $\mathlarger{\mathbf{\mathcal{C}}}$.

Devoir.

Dictée.

VINGT ET UNIÈME LEÇON.

Réponses au Questionnaire.

1041. (A corriger d'après le texte de la 21e leçon). — *1042.*
Douze. — *1043.* La, Si bémol; Mi, Fa. — *1044.* Si, Do; Fa dièse,
Sol. — *1045.* Si. — *1046.* Fa dièse. — *1047.* Fa, Si naturel. —
1048. Fa, Si bécarre. — *1049.* Sol mineur. — *1050.* Si naturel. —
1051. Si bécarre. — *1052.* Vingt-quatre.

Devoir.

Dictée.

VINGT-DEUXIÈME LEÇON.

Réponses au Questionnaire.

1053. *a* D'abord, la valeur de la blanche elle-même, puis une autre blanche qui lui serait liée, et enfin un silence à peu près égal. — *b* D'abord, la valeur de la noire elle-même, puis une autre noire qui lui serait liée, et enfin un silence a peu près égal.— *1054.* A peu près toutes : au début, à un point quelconque de son évolution, sur l'avant-dernière et sur la dernière note. — *1055.* Toutes. Au début, au milieu, à la fin. — *1056.* Toutes, comme le point d'orgue, sauf au début. — *1057.* Par la blanche pointée. — *1058.* La tierce. — *1059.* Sol majeur. — *1060.* Intervalle. — *1061.* Trois. — La clef de Sol, la clef d'Ut et la clef de Fa. — *1062.* Sur la 1ère et la 2e.— Sur la 3e et la 4e. — *1063.* Sur la 1ère, la 2e, la 3e et la 4e. — *1064.* $\frac{2}{2}$ ou ¢.

Devoir.

Dictée.

VINGT-TROISIÈME LEÇON.

Réponses au Questionnaire.

1065. On l'emploie pour indiquer les changements de mesure, les changements de ton, les changements de mouvement. — *1066*. Par une double-barre, à la suite de laquelle on met les nouveaux chiffres indicateurs. — *1067*. Par une double-barre, a la suite de laquelle on met la nouvelle armature. — *1068*. Par une double-barre, après laquelle on inscrit le nouveau mouvement. — *1069*. Une sixte mineure. — *1070*. Mi. — *1071*. En Sol. — *1072*. Sol, Do, Ré. — *1073*. Mi mineur. — *1074*. Mi, La, Si. — *1075*. La treizième. — *1076*. Par une ronde pointée.

Devoir.

Dictée.

VINGT-QUATRIÈME LEÇON.

Réponses au Questionnaire.

1077. Trois. — *1078. a* La moitié de la note. *b* La moitié du premier, (ou le quart de la note). *c* La moitié du deuxième, (ou le huitième de la note). — *1079.* Par une ronde suivie de trois points.— *1080.* Par une noire suivie de deux points. — *1081.* Diminuée, mineur, majeure et augmentée. — *1082.* Sous-diminuée, diminuée, juste, augmentée et sur-augmentée. — *1083.* Diminuée, juste et augmentée. — *1084.* Fa, Sol, La, Si bémol. — *1085.* La, Si, Do dièse, Ré. — *1086.* Dans la gamme de La bémol majeur.—*1087.* La onzième.—*1088.* En Sol mineur.

Devoir.

Dictée.

VINGT-CINQUIÈME LEÇON.

Réponses au Questionnaire.

1089. Trois au plus. Chacun d'eux vaut la moitié du silence ou du point précédent. — *1090.* 12. 15. — *1091.* 6. 7. — *1092.* Quatorze. — *1093.* Une quinte juste. — *1094.* Une quarte augmentée. — *1095.* Une quarte diminuée. — *1096.* Sol. — *1097.* Mi bémol. — *1098.* Fa. — *1099.* Fa bémol. — *1100.* Do bémol.

Devoir.

Dictée.

VINGT - SIXIÈME LEÇON.

Réponses au Questionnaire.

1101. Dans les mesures à $\frac{6}{8}$, $\frac{9}{8}$ et $\frac{12}{8}$. — Dans les mesures à $\frac{6}{4}$, $\frac{9}{4}$ et $\frac{12}{4}$. — *1102.* La blanche pointée. — La ronde pointée. — *1103.* Une blanche pointée liée à une noire pointée. — Une ronde pointée liée à une blanche pointée. — *1104.* La ronde pointée. — La note carrée pointée. — *1105.* Deux temps. — *1106.* Quatre temps. — *1107.* Un tiers de temps. — *1108.* Un sixième de temps. — *1109.* Dix-huit. — *1110.* La. — *1111.* Ré bémol. — *1112.* Mi.

Devoir.

Cet exercice est dans le ton de Sol mineur.

Dictée.

VINGT-SEPTIÈME LEÇON.

Réponses au Questionnaire.

1113. Une demi-pause, un soupir et un demi-soupir. — *1114.* Le soupir et le demi-soupir. — *1115.* Un soupir, un demi-soupir et un quart de soupir. — *1116.* Le demi-soupir et le quart de soupir. — *1117.* Une demi-pause, un soupir un demi-soupir et un quart de soupir. — *1118.* Le soupir, le demi-soupir et le quart de soupir. — *1119.* Un huitième de soupir et un seizième de soupir. — *1120.* Un demi-soupir un quart de soupir et un huitieme de soupir. — *1121.* Une quinte juste. — *1122.* Une quarte augmentée. — *1123.* Une quarte diminuée. — *1124.* Une septième majeure.

Devoir.

Dictée.

VINGT-HUITIÈME LEÇON.

Réponses au Questionnaire.

1125. Un temps ou le tiers de la mesure. — L'unité de temps. — *1126.* Un quart de temps. — *1127.* Trois temps. — L'unité de mesure. — *1128.* Trois quarts de temps. — *1129.* Un temps et demi.

— *1130*. Un soupir et une demi-pause. — *1131*. Seize. — *1132*. Sol, Si, Ré, Fa. — *1133*. La 2de augmentée. — *1134*. La mesure à $\frac{6}{4}$. — *1135*. La mesure à $\frac{9}{4}$. — *1136*. La mesure à $\frac{3}{2}$.

Devoir.

Dictée.

VINGT - NEUVIÈME LEÇON.

Réponses au Questionnaire.

1137. Un demi temps. — *1138*. Un quart de temps. — *1139*. Un temps et demi. — *1140*. L'unité de mesure. — *1141*. Huit. — *1142*. Trente-deux. — *1143*. Seize. — *1144*. Un demi-soupir, une demi-pause et une pause. — *1145*. Cinquante-sept. — *1146*. Do dièse. — *1147*. Ré dièse. — *1148*. Mi bémol, La bémol et Si bémol.

Devoir.

Dictée.

TRENTIÈME LEÇON.

Réponses au Questionnaire.

1149. L'unité de temps. — *1150.* Le silence d'un temps. — *1151.* La note carrée pointée. — Le baton de deux pauses et la pause. — *1152.* $\frac{4}{1}$. — *1153.* La noire pointée. — *1154.* La quinte. — *1155.* La sixte diminuée. — *1156.* La mesure à $\frac{4}{2}$. — *1157.* Mi bémol majeur. — *1158.* Sol mineur. — *1159.* Sol mineur. — *1160.* Si bémol majeur.

Devoir.

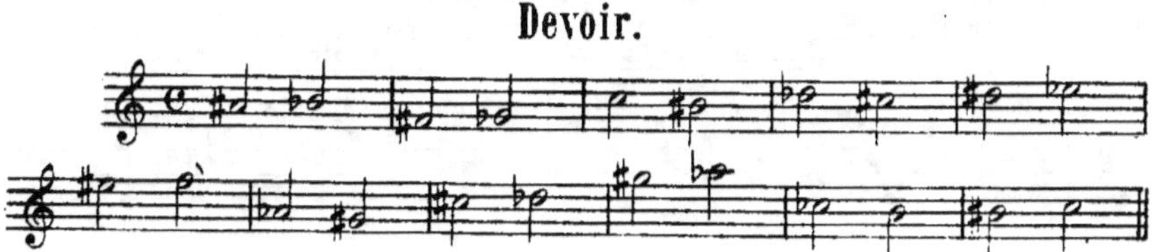

Dictée.

TRENTE ET UNIÈME LEÇON.

Réponses au Questionnaire.

1161. Oui.— Le double dièse et le double bémol. — *1162.* Il hausse de deux demi-tons chromatiques le son de la note devant laquelle il est placé. — *1163.* Il abaisse de deux demi-tons chromatiques le son de la note devant laquelle il est placé. — *1164.* Mi.—La bémol. — *1165.* Sol.— Si. — *1166.* Il vaut une double croche. — *1167.* Il vaut une double croche. — *1168.* Le premier et le quatrième. — *1169.* Le deuxième et le troisième. — *1170.* De quatre tons et un demi-ton chromatique. — *1171.* Dans les gammes de Si bémol majeur et d'Ut mineur. — *1172.* $\frac{3}{1}$ ou $\frac{6}{2}$.

Devoir.

Dictée.

TRENTE-DEUXIÈME LEÇON.

Réponses au Questionnaire.

1173. Les altérations accidentelles sont celles que l'on rencontre passagèrement dans le courant d'un morceau, tandis que les altérations constitutives sont celles qui sont placées à l'armature. — *1174.* Les altérations accidentelles n'affectent que les notes du même nom placées dans la même mesure. — *1175.* Les altérations constitutives agissent pendant toute la durée du morceau. — *1176.* Une seconde augmentée. — *1177.* Une quarte diminuée. — *1178.* Une tierce majeure. — *1179.* Sol dièse. — *1180.* Fa dièse. — *1181.* Ut dièse. — *1182.* Mi bémol. — *1183.* Fa bémol. — *1184.* Do bémol.

Devoir.

Dictée.

TRENTE-TROISIÈME LEÇON.

Réponses au Questionnaire.

1185. Le bécarre détruit l'effet de tout signe d'altération.—*1186.* Il détruit le dièse en abaissant la note d'un demi-ton chromatique; le bémol en la haussant de la même quantité. Il détruit le double dièse en abaissant la note de deux demi-tons chromatiques et le double bémol en la haussant de la même quantité. En tout cas il la ramène à son état naturel. — *1187.* La ronde pointée. — *1188.* La ronde pointée. — *1189.* La ronde pointée. — *1190.* La blanche. — *1191.* La ronde. — *1192.* La noire pointée. — *1193.* Do, Fa, Sol. — *1194.* Fa, Si bémol, Do. — *1195.* Mi bémol majeur. — *1196.* La quarte.

Devoir.

Dictée.

TRENTE - QUATRIÈME LEÇON.

Réponses au Questionnaire.

1197. Quatre. — *1198.* Neuf. — *1199.* Huit. — *1200.* Vingt-sept. — *1201.* Vingt-six. — *1202.* Vingt-deux. — *1203.* Vingt-trois. — *1204.* Cinquante-trois. — *1205.* Une triple croche ou deux quadruples croches. — *1206.* Une 4te juste ascendante. — *1207.* La 5te sous diminuée. — *1208.* Mi double bémol ou Do double dièse.

Devoir.

Dictée.

TRENTE-CINQUIÈME LEÇON.

Réponses au Questionnaire.

1209. Le bécarre détruit l'altération accidentelle quand, passagèrement, il détruit l'effet d'une altération constitutive. — *1210*. La seconde majeure. — *1211*. La tierce diminuée. — *1212*. La quarte sous-diminuée. — *1213*. De 4 commas. — *1214*. Do dièse. — *1215*. Quatre. — *1216*. Do dièse. — *1217*. Mi. — *1218*. Si bémol majeur et Si mineur. — *1219*. La neuvième. — *1220*. La septième.

Devoir.

Dictée.

TRENTE-SIXIÈME LEÇON.

Réponses au Questionnaire.

1221. Fa, Do, Sol, Ré, La, Mi, Si; le même que les dièses.—*1222.* C'est qu'il est l'inverse. — *1223.* Si, Mi, La, Ré, Sol, Do, Fa; le même que les bémols. — *1224.* Ne se plaçant jamais à l'armature, les doubles dièses et les doubles bémols ne sont employés que comme altérations accidentelles. — *1225.* Do, Ré. — *1226.* Ré majeur et Ré mineur. — *1227.* Une quarte juste. — *1228.* Treize. — *1229.* La mesure à $\frac{3}{2}$. — *1230.* La quinte diminuée. — *1231.* Ut double dièse. — *1232.* Do dièse.

Devoir.

Dictée.

TRENTE-SEPTIÈME LEÇON.

Réponses au Questionnaire.

1233. (A corriger d'après le § 1). — *1234.* Vingt-deux et demi. — Vingt-deux. — *1235.* Vingt-sept. — Vingt-six. — *1236.* (A corriger d'après le § 5, 34e leçon). — *1237.* (A corriger d'après le § 4, 34e leçon). — *1238.* Sol, Ré dièse. — *1239.* Do bémol. — *1240.* Mi bémol, La. — *1241.* Trois tons ou 2 tons 1 demi-ton diatonique et 1 demi-ton chromatique. — *1242.* La sixte majeure. — *1243.* Mi dièse. — *1244.* La mesure à $\frac{3}{1}$.

Devoir.

Dictée.

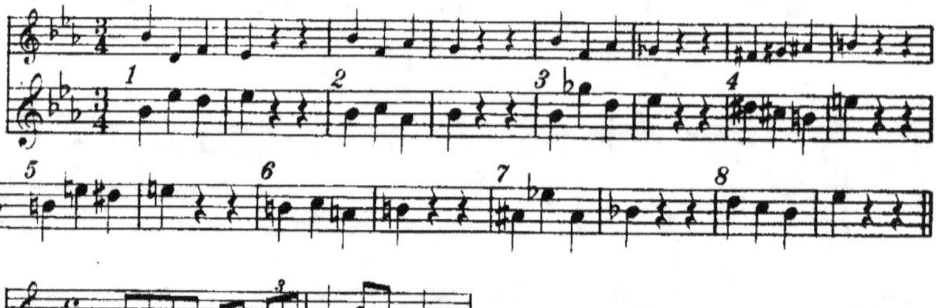

TRENTE-HUITIÈME LEÇON.

Réponses au Questionnaire.

1245. Les intervalles synonymes sont des intervalles de noms différents formés d'une ou deux notes synonymes. — *1246.* Non. — Intervalles enharmoniques. — *1247.* Chacun vingt-sept.—Ils prennent le nom d'intervalles enharmoniques. — *1248.* On leur donne le nom de demi-tons tempérés. — *1249.* La quinte diminuée: Ré, La bémol.—Vingt-six. — *1250.* La, Ré, Mi. — *1251.* Un demi-ton chromatique. — *1252.* La, Ré, Mi. — *1253.* La dix-septième.—*1254.* La quarte. — *1255.* La dix-septième. — *1256.* Par une demi-pause et un soupir.

Devoir.

Dictée.

TRENTE-NEUVIÈME LEÇON.

Réponses au Questionnaire.

1257. La gamme de Mi majeur. — *1258.* Quatre dièses: Fa, Do, Sol, Ré. — *1259.* Sol dièse, La; Ré dièse, Mi. — *1260.* Sur le septième. — Le nom de note sensible. — *1261.* Dans le second. — *1262.* Dans le premier. — *1263.* Septième majeure. — *1264.* De cinq tons et un demi-ton diatonique. — *1265.* Mi, La, Si. — *1266.* Neuf. — *1267.* Do. — *1268.* Mi majeur.

Devoir.

GAMME de **Mi majeur.**

GAMME de **Mi majeur.**

GAMME de **Mi majeur.**

GAMME de **Mi majeur.**

Dictée.

QUARANTIÈME LEÇON.

Réponses au Questionnaire.

1269. Si majeur, Fa dièse majeur et Do dièse majeur.—*1270.* Sept.
— Cinq. — *1271.* Mi dièse.— Si dièse. — *1272.* Une quinte juste ascendante ou une quarte juste descendante. — *1273.* Do dièse, Fa
dièse.— Fa dièse, Si.— Sol dièse, Do dièse. — *1274.* En Si majeur sur le cinquième, la dominante; en Fa dièse majeur sur le premier, la tonique; en Do dièse majeur sur le quatrième, la sous-dominante. — *1275.* En Ut dièse majeur. — *1276.* Sur-augmentée.—*1277.*
La septième diminuée. — *1278.* Fa dièse, Sol dièse, La dièse, Si. —
1279. Une sixte majeure. — *1280.* Sept.

Devoir.

GAMME de **Si majeur.**

GAMME de **Fa ♯ majeur.**

GAMME de **Do ♯ majeur.**

Dictée.

QUARANTE ET UNIÈME LEÇON.

Réponses au Questionnaire.

1281. La gamme de La bémol majeur. — *1282.* Quatre bémols : Si, Mi, La, Ré. — *1283.* Sur le quatrième. — *1284.* Sous-dominante. — *1285.* Dans le premier. — *1286.* Sol. — *1287.* Fa. — *1288.* Mi bémol. — *1289.* La dièse, Ré dièse, Mi dièse. — *1290.* Ré double bémol. — *1291.* Sol bémol. — *1292.* Mi.

Devoir.

GAMME de **La ♭ majeur.**

GAMME de **La ♭ majeur.**

GAMME de **La ♭ majeur.**

Dictée.

QUARANTE-DEUXIÈME LEÇON.

Réponses au Questionnaire.

1293. La gamme de Mi bémol majeur. — *1294.* La gamme de Si bémol majeur. — *1295.* Sur la tonique. — *1296.* Sur la sous-dominante. — *1297.* La bémol majeur, Ré bémol majeur et Sol bémol majeur. — *1298.* La gamme de Do bémol majeur. — *1299.* Sol. — Do. — *1300.* Ré, Sol. — *1301.* La gamme de Do bémol majeur. — Sol bémol majeur. — *1302.* Cinq dièses: Fa, Do, Sol, Ré, La. — *1303.* Si bémol, Mi bémol, Fa. — *1304.* $\frac{2}{2}$, $\frac{3}{2}$ et $\frac{4}{2}$.

Devoir.

GAMME de **Ré** ♭ **majeur.**

GAMME de **Sol** ♭ **majeur.**

GAMME de **Do** ♭ **majeur.**

Dictée.

QUARANTE-TROISIÈME LEÇON.

Réponses au Questionnaire.

1305. De douze manières. — *1306.* $\frac{9}{2}$, $\frac{9}{4}$, $\frac{9}{8}$, $\frac{9}{16}$. — *1307.* $\frac{6}{2}$, $\frac{6}{4}$, $\frac{6}{8}$, $\frac{6}{16}$. — *1308.* $\frac{12}{2}$, $\frac{12}{4}$, $\frac{12}{8}$, $\frac{12}{16}$. — *1309.* Les mesures à $\frac{6}{4}$ et $\frac{6}{16}$. — *1310.* Six. — Douze. — *1311.* La mesure à $\frac{9}{4}$. — Neuf. — *1312.* $\frac{6}{16}$ —

1313. Vingt-quatre. — *1314.* Si, Ré, Fa, La, Do. — *1315.* Mi bémol. —
1316. La quinte diminuée.— La quarte augmentée.

Devoir.

Ce devoir est dans le ton de Mi majeur.

Dictée.

QUARANTE-QUATRIÈME LEÇON.

Réponses au Questionnaire.

1317. Le chiffre inférieur. — Le nombre de tiers de temps . —
1318. La noire. — *1319.* Il indique le nombre de noires contenues
dans la mesure. — *1320.* Trois. — *1321.* L'unité de temps. — *1322.*

Ré dièse. — *1323.* La. — *1324.* Sol bémol. — *1325.* Do. — *1326.* Si dièse. — *1327.* Fa bémol. — *1328.* $\frac{7}{4}$.

Devoir.

Cet exercice est dans le ton de La ♭ majeur.

Dictée.

QUARANTE-CINQUIÈME LEÇON.

Réponses au Questionnaire.

1329. La ronde pointée. — *1330.* Par une demi-pause et un soupir. — *1331.* Une demi-pause, un soupir, une demi-pause, un soupir. — *1332.* L'unité de temps. — *1333.* Douze.—Vingt-quatre.

— Dix-huit. — *1334*. Deux soupirs, une demi-pause et un soupir. — *1335*. Quatre. — *1336*. La mesure à $\frac{2}{2}$ ou $\mathbb{C}$. — *1337*. $\frac{3}{2}, \frac{6}{4}, \frac{12}{8}$. — *1338*. Une seconde majeure. — *1339*. Si bémol, Mi bémol, Fa. — *1340*. La seconde augmentée.

Devoir.

Cet exercice est dans le ton de Sol ♭ majeur.

Dictée.

QUARANTE-SIXIÈME LEÇON.

Réponses au Questionnaire.

1341. Une ronde pointée liée à une blanche pointée. — *1342*. L'unité de temps. — *1343*. Dix-huit.— Trente-six.— Vingt-sept. — *1344*. $\frac{9}{8}$. — *1345*. La mesure à $\frac{3}{2}$.— La mesure à $\frac{3}{4}$. — *1346*. Si. — *1347*. Sept. — *1348*. La, Do, Mi, Sol, Si. — *1349*. Do.—

1350. Fa dièse. — *1351.* $\frac{9}{2}, \frac{9}{4}, \frac{9}{8}, \frac{9}{16}$. — *1352.* Diminuée, mineure, majeure et augmentée.

Devoir.

Cet exercice est dans le ton de Si majeur.

Dictée.

QUARANTE-SEPTIÈME LEÇON.

Réponses au questionnaire.

1353. La blanche pointée.— L'unité de mesure. — *1354.* Deux. — *1355.* Douze. — *1356.* Vingt-quatre. — *1357.* Quatre. — *1358.* La mesure à $\frac{4}{2}$.— La mesure à $\frac{4}{4}$ ou **C**. — *1359.* La seconde, la tierce, la sixte et la septième. — *1360.* Do, Mi, Sol, Si. — *1361.* La pause, la demi-pause et le soupir. — *1362.* Dans la gamme d'Ut dièse majeur. — *1363.* Trente. — *1364.* $\frac{4}{1}$ $\frac{4}{2}$ $\frac{4}{4}$ et $\frac{4}{8}$.

Devoir.

Cet exercice est dans le ton de Do ♯ majeur.

Dictée.

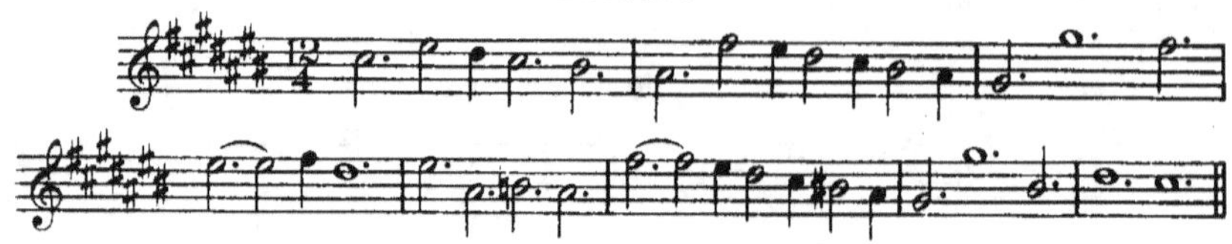

QUARANTE-HUITIÈME LEÇON.

Réponses au Questionnaire.

1365. L'unité de temps. — **1366.** La noire pointée. — **1367.** Le silence de la mesure entière. — **1368.** Le demi-soupir pointé. — **1369.** Douze. — **1370.** Douze. — Deux. — **1371.** La mesure à $\frac{2}{8}$. — La mesure à $\frac{2}{2}$ ou ₵. — La mesure à $\frac{2}{4}$. — **1372.** Trois. — **1373.** La seconde. — **1374.** La 5te sur-augmentée. — **1375.** Mi bémol, La bémol. — **1376.** La bémol, Ré bémol, Mi bémol.

Devoir.

Dictée.

QUARANTE-NEUVIÈME LEÇON.

Réponses au Questionnaire.

1377. Une noire pointée liée à une croche pointée.— L'unité de temps. — *1378.* Le silence de la mesure entière.—Le demi-soupir pointé. — *1379.* Six.—Trois. — *1380.* Dix-huit. — *1381.* La mesure à $\frac{3}{2}$.— La mesure à $\frac{3}{8}$. — *1382.* Fa bémol. —*1383.* La bémol. —

1384. Do dièse. — *1385.* La note carrée. — *1386.* Six. — *1387.* Sol bémol. — *1388.* Sol bémol, Do bémol, Ré bémol.

Devoir.

Dictée.

CINQUANTIÈME LEÇON.

Réponses au Questionnaire.

1389. L'unité de temps. — La blanche pointée. — *1390.* Le demi-soupir pointé. — *1391.* Le silence de la mesure entière. — *1392.* La mesure à $\frac{4}{8}$. — La mesure à $\frac{4}{2}$. — *1393.* Huit. — *1394.* Douze. — *1395.* Les mesures à $\frac{6}{4}$ $\frac{9}{4}$ et $\frac{12}{4}$. — *1396.* Un demi-ton diatonique. — *1397.* Si. — *1398.* Ré dièse, Sol dièse, La dièse. — *1399.* Par une ronde pointée. — *1400.* En Ut mineur.

Devoir.

Ce devoir est dans le ton de Sol ♭ majeur.

Dictée.

CINQUANTE ET UNIÈME LEÇON.

Réponses au Questionnaire.

1401. La mesure à $\frac{6}{2}$, $\frac{9}{2}$ et $\frac{12}{2}$. — *1402.* La note carrée pointée. — Une note carrée pointée liée à une ronde pointée. — Une note carrée pointée liée à une autre note carrée pointée. — *1403.* Dans les mesures à $\frac{2}{1}$, $\frac{3}{1}$ et $\frac{4}{1}$. — *1404.* Dans les mesures à $\frac{2}{2}$, $\frac{3}{2}$ et $\frac{4}{2}$. — *1405.* Dans les mesures à $\frac{6}{4}$, $\frac{9}{4}$ et $\frac{12}{4}$. — *1406.* La mesure à $\frac{3}{1}$. — *1407.* La mesure à $\frac{2}{1}$. — *1408.* La mesure à $\frac{4}{1}$. — *1409.* Six. — *1410.* Quatre. — *1411.* Si majeur et Si mineur. — *1412.* $\frac{2}{2}$ $\frac{3}{2}$ et $\frac{4}{2}$.

Devoir.

Dictée.

CINQUANTE - DEUXIÈME LEÇON.

Réponses au Questionnaire.

1413. La note carrée pointée. — Une ronde pointée liée à une blanche pointée. — La ronde pointée. — La noire pointée. — *1414.* La ronde pointée. — Une blanche pointée liée à une noire pointée. — La blanche pointée. — Une note carrée pointée liée à une autre note carrée pointée. — *1415.* Dans les mesures à $\frac{6}{2}$, $\frac{9}{2}$ et $\frac{12}{2}$. — *1416.* Dans les mesures à $\frac{6}{8}$, $\frac{9}{8}$ et $\frac{12}{8}$. — *1417.* La note carrée pointée. — Une noire pointée liée à une croche pointée. — La blanche pointée. — Une note carrée pointée liée à une ronde pointée. — *1418.* Dans les mesures à $\frac{6}{4}$, $\frac{9}{4}$ et $\frac{12}{4}$. — *1419.* Dans les mesures à $\frac{6}{16}$, $\frac{9}{16}$ et $\frac{12}{16}$. — *1420.* Un demi temps. — *1421.* Un tiers de temps. — *1422.* Un quart de temps. — *1423.* Dans les mesures à $\frac{6}{4}$, $\frac{9}{4}$ et $\frac{12}{4}$. — *1424.* Trois bémols: Si, Mi, La.

Devoir.

Dictée.

CINQUANTE-TROISIÈME LEÇON.

Réponses au Questionnaire.

1425. La mesure à $\frac{6}{4}$. — *1426.* La mesure à $\frac{6}{16}$. — *1427.* La mesure à $\frac{9}{4}$. — *1428.* La mesure à $\frac{9}{16}$. — *1429.* La mesure à $\frac{12}{2}$. — *1430.* La mesure à $\frac{12}{8}$. — *1431.* La mesure à $\frac{2}{1}$. — *1432.* La mesure à $\frac{3}{4}$. — *1433.* La mesure à $\frac{4}{2}$. — *1434.* La mesure à $\frac{3}{1}$. — *1435.* La mesure à $\frac{2}{4}$. — *1436.* La mesure à $\frac{4}{8}$.

Devoir.

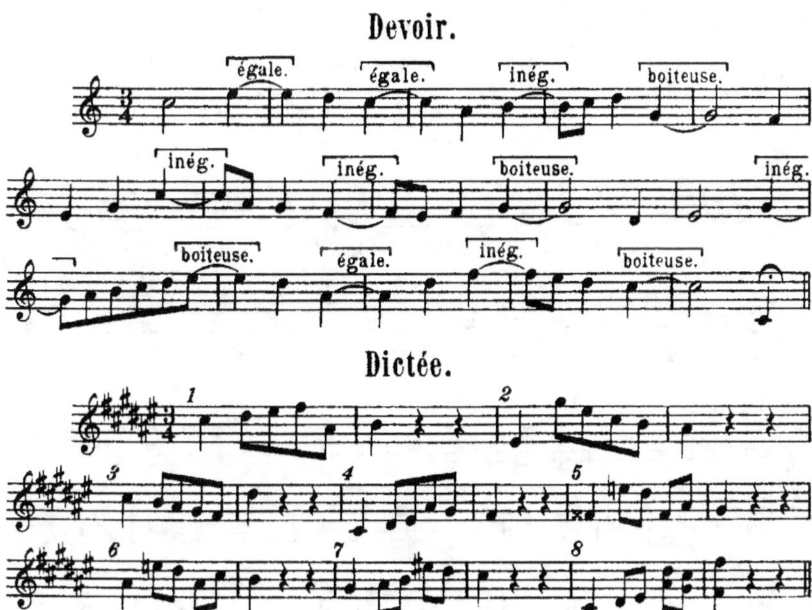

Dictée.

CINQUANTE-QUATRIÈME LEÇON.

Réponses au Questionnaire.

1437. La décomposition d'un temps consiste à marquer, après le temps, un ou deux petits mouvements subordonnés à ce même premier temps. — *1438.* En deux fractions. — *1439.* En trois fractions. — *1440.* La décomposition de la mesure n'a lieu, ordinairement, que dans un mouvement lent. — *1441.* Son but est de bien affermir le rythme. — *1442.* Fa dièse. — *1443.* Fa. — *1444.* Fa dièse. — *1445.* Fa dièse. — *1446.* La. — *1447.* Do. — *1448.* Fa.

Devoir.

Dictée.

CINQUANTE-CINQUIÈME LEÇON.

Réponses au Questionnaire.

1449. A une tierce mineure. — *1450.* Deux gammes relatives ne diffèrent l'une de l'autre que par la note sensible du ton mineur qui n'est autre que la dominante altérée du ton majeur, et par la position de leurs notes. — *1451.* Si mineur. — *1452.* Ré mineur. — *1453.* Do majeur. — *1454.* Fa dièse mineur. — *1455.* La majeur. — *1456.* Mi bémol majeur. — *1457.* $\frac{6}{4}$, $\frac{9}{4}$, $\frac{12}{4}$. — *1458.* Si majeur et Si mineur. — *1459.* La quinte. — *1160.* La sixte augmentée.

Devoir.

GAMME de **Mi mineur**.

GAMME de **Fa ♯ mineur**.

GAMME de **Sol mineur**.

GAMME de **Do mineur**.

Dictée.

CINQUANTE-SIXIÈME LEÇON.

Réponses au Questionnaire.

1461. En montant, les demi-tons sont placés entre le 2ᵉ et le 3ᵉ degré, le 7ᵉ et le 8ᵉ; en descendant, entre le 6ᵉ et le 5ᵉ, le 3ᵉ et le 2ᵉ. — *1462.* Dans la gamme mineure à deux demitons, le 6ᵉ et le 7ᵉ degré sont élevés, en montant, d'un demiton chromatique par une altération accidentelle; en descendant, ces deux altérations disparaissent. — *1463.* Le nom de sous-tonique. — *1464.* Do. — *1465.* La. — *1466.* La dièse. — *1467.* Si bémol, La bémol et Mi bémol. — *1468.* A une croche. — *1469.* Quatre. — *1470.* Une blanche. — *1471.* Ut dièse, Ré; Ut dièse, Ut double dièse; Ut dièse, Ut; Ut dièse, Si dièse. — *1472.* Si. Do, Ré dièse, Mi.

Devoir.

GAMME de **Ré mineur.**

CINQUANTE-SEPTIÈME LEÇON.

Réponses au Questionnaire.

1473. Cinq. — *1º* Son relatif, *2º* les deux tons se trouvant l'un à sa 5te juste supérieure, l'autre à sa 5te juste inférieure, *3º* les relatifs de ces deux derniers. — *1474.* *1º* Si mineur, *2º* La majeur et Sol majeur, *3º* Fa dièse mineur et Mi mineur. — *1475.* *1º* Si bémol majeur, *2º* Ré mineur et Do mineur, *3º* Fa majeur et Mi bémol majeur. — *1476.* Ré bémol. — *1477.* Si bémol. — *1478.* La dièse. — *1479.* La naturel. — *1480.* Sol dièse. — *1481.* Mi, La, Si. — *1482.* Mi, La, Si. — *1483.* Cinq dièses: Fa, Do, Sol, Ré, La. — *1484.* $\frac{3}{1}$ ou $\frac{6}{2}$ ou $\frac{12}{4}$.

Devoir.

Dictée.

CINQUANTE-HUITIÈME LEÇON.

Réponses au Questionnaire.

1485. Do dièse mineur. — *1486.* Sol dièse mineur. — *1487.* Ré dièse mineur. — *1488.* La dièse mineur. — *1489.* Cinq dièses: Fa, Do, Sol, Ré, La. — *1490.* Sept dièses: Fa, Do, Sol, Ré, La, Mi, Si. — *1491.* Six dièses: Fa, Do, Sol, Ré, La, Mi. — *1492.* Quatre dièses: Fa, Do, Sol, Ré. — *1493.* Do double dièse. — *1494.* Sol dièse. — *1495.* Un demi-ton chromatique. — *1496.* La mesure à $\frac{4}{8}$.

Devoir.

GAMME d'**Ut** ♯ mineur.

GAMME de **Sol** ♯ mineur.

GAMME de **Ré** ♯ mineur.

GAMME de **La** ♯ mineur.

Dictée.

CINQUANTE-NEUVIÈME LEÇON.

Réponses au Questionnaire.

1497. Fa mineur. — Quatre bémols: Si, Mi, La, Ré. — *1498.* Si bémol mineur. — Ré, Sol. — *1499.* Mi bémol mineur. — Do. — *1500.*

La bémol mineur. — La bémol, Ré bémol et Mi bémol. — *1501.* Sol bémol, Do bémol. — *1502.* Sol dièse, La dièse, Si, Do dièse. — *1503.* Ré bémol, Mi bémol, Fa, Sol bémol. — *1504.* Un ton et un demi-ton diatonique. — *1505.* La tierce mineure. — *1506.* La sixte augmentée. — *1507.* Dix-huit. — *1508.* $\frac{3}{8}$.

Devoir.

GAMME de **Fa mineur.**

GAMME de **Si** ♭ **mineur.**

GAMME de **Mi** ♭ **mineur.**

GAMME de **La** ♭ **mineur.**

Dictée.

SOIXANTIÈME LEÇON.

Réponses au Questionnaire.

1509. La gamme chromatique majeure se forme d'une gamme diatonique ou l'on intercalle partout ou il y a l'espace d'un ton, une note altérée portant le nom de la note précédente. — *1510*. Autant que de gammes diatoniques: quinze. — *1511*. Leur système de formation étant le même, on peut considérer chacune des gammes chromatiques majeures comme étant une transposition de la gamme chromatique modèle d'Ut majeur. — *1512*. Sol, Ré double bémol (sous-diminuée); Sol, Ré bémol (diminuée); Sol, Ré (juste); Sol, Ré dièse (augmentée); Sol, Ré double dièse (sur-augmentée). — *1513*. Un ton et un demi-ton chromatique. — *1514*. Un ton, un demi-ton diatonique et un demi-ton chromatique. — *1515*. Un demi temps. — *1516*. Sol bémol, Do. — *1517*. Do dièse majeur et La dièse mineur. — *1518*. Une quadruple croche. — *1519*. Sol dièse. — *1520*. Un sixième de temps.

Devoir.

Dictée.

SOIXANTE ET UNIÈME LEÇON.

Réponses au Questionnaire.

1521. Non, mais la somme de valeurs qui le composent doit toujours correspondre à ces trois notes. — *1522.* Les silences et le point. — *1523.* Par le chiffre 3 que l'on place au dessus ou au dessous du groupe. — *1524.* Huit. — *1525.* La sixte mineure. — *1526.* La septième. — *1527.* L'octave. — *1528.* Si mineur, Sol majeur, Mi mineur, La majeur, Fa dièse mineur. — *1529.* Si bémol majeur, Fa majeur, Ré mineur, Mi bémol majeur, Ut mineur. — *1530.* Ré dièse, Sol dièse, La dièse. — *1531.* Sol dièse, Do dièse, Ré dièse. — *1532.* La mesure à $\frac{3}{8}$.

Devoir.

Ce devoir est dans le ton de Sol $\sharp$ mineur.

Dictée.

SOIXANTE-DEUXIÈME LEÇON.

Réponses au Questionnaire.

1533. Le sextolet est un groupe de 6 notes égales résultant de la division binaire de chaques note d'un triolet. — *1534.* Par le chiffre 6 que l'on place au-dessus ou au-dessous du groupe. — *1535.* Vingt-quatre. — *1536.* Trois. — *1537.* Mi bémol majeur et Mi mineur. — *1538.* Six tons et deux demi-tons diatoniques. — *1539.* Fa double dièse. — *1540.* Fa bémol. — *1541.* Fa double dièse. — *1542.* Une tierce mineure. — *1543.* Une quarte juste. — *1544.* La quarte.

Devoir.

Ce devoir est dans le ton de Fa mineur.

Dictée.

SOIXANTE-TROISIÈME LEÇON.

Réponses au Questionnaire.

1545. Le double triolet est la réunion en un seul groupe de deux triolets successifs. — *1546.* Le sextolet est la division binaire d'un groupe ternaire tandis que le double triolet est la division ternaire d'un groupe binaire. — *1547.* Les notes du sextolet s'accentuent de deux en deux et celles du double triolet de trois en trois. — *1548.* Par le chiffre 3 que l'on place au dessus ou au dessous de chaque groupe de trois notes dont il est formé. — *1549.* Douze. — Douze. — *1550.* Ré bémol. — *1551.* Mi bémol. — *1552.* Fa dièse. — *1553.* Sol dièse. — *1554.* La tierce mineure. — *1555.* En La dièse mineur. — *1556.* La sixte majeure.

Devoir.

Cet exercice est dans le ton de Mi ♭ mineur.

Dictée.

SOIXANTE-QUATRIÈME LEÇON.

Réponses au Questionnaire.

1557. Le duolet est un groupe de deux notes égales équivalent à trois notes ternaires de même figure que celles dont il est composé. — *1558.* Par le chiffre 2. — *1559.* Six. — *1560.* Neuf.— *1561.* Diminuée, juste et augmentée. — *1562.* Fa. — *1563.* Fa. — *1564.* Fa. — *1565.* La. Ré. Mi. — *1566.* La bémol, Ré bémol. — *1567.* Par une ronde. — *1568.* Une septième majeure.

Devoir.

Ce devoir est dans le ton de Mi mineur.

Dictée.

SOIXANTE-CINQUIÈME LEÇON.

Réponses au Questionnaire.

1569. Le quartolet est un groupe de quatre notes égales équivalent à six notes de même figure que celles dont il est composé. — *1570*. Quatre. — *1571*. Quatre. — *1572*. Six. — *1573*. Par le chiffre 4. — *1574*. La noire. — *1575*. Une quarte augmentée. — *1576*. $\frac{9}{8}$. — *1577*. Par une blanche pointée. — *1578*. $\frac{6}{4}$. — *1579*. $\frac{2}{2}$. — *1580*. Fa double dièse.

Ce devoir est dans le ton de Sol ♯ mineur.

SOIXANTE-SIXIÈME LEÇON.

Réponses au Questionnaire.

1581. Ne pouvant régulièrement diviser aucune unité, les groupes de valeurs irrégulières n'appartiennent ni à la division binaire, ni à la division ternaire, mais peuvent être employés aussi bien dans les mesures simples que dans les mesures composées. — *1582.* La blanche. — *1583.* La ronde. — *1584.* La tierce majeure. — *1585.* La sixte majeure. — *1586.* La septième mineure. — *1587.* La tierce diminuée. — *1588.* La septième majeure. — *1589.* La sixte majeure. — *1590.* La tierce. — *1591.* La tierce. — *1592.* La quatorzième.

Devoir.

Dictée.

SOIXANTE-SEPTIÈME LEÇON.

Réponses au Questionnaire.

1593. Le genre enharmonique. — *1594.* Pour des modulations dans les tons très éloignés. — *1595.* Le genre diatonique et le genre chromatique. — *1596.* Le genre diatonique. — *1597.* La mineur, Sol majeur, Mi mineur, Fa majeur, Ré mineur. — *1598.* Sol dièse, La dièse, Si dièse, Do dièse. — *1599.* Fa dièse, Sol dièse, La dièse, Si. — *1600.* Treize et demi. — *1601.* $\frac{2}{4}$ ou $\frac{4}{8}$. — *1602.* Ré, Fa, La, Do, Mi. — *1603.* Do double dièse. — *1604.* Un demi-ton chromatique.

Devoir.

SOIXANTE-HUITIÈME LEÇON.

Réponses au Questionnaire.

1605. On se sert de la gamme mineure ascendante et descendante à deux demi-tons. — En rassemblant toutes les notes de cette gamme, le second tétracorde se trouve, par lui-même, entièrement chromatique. — *1606*. En empruntant aux tons voisins les notes intermédiaires nécessaires. — *1607*. Si bémol, Do dièse. — *1608*. Au ton de Si bémol majeur. — *1609*. Le demi-soupir. — *1610*. La dix-septième. — *1611*. Huit. — *1612*. De sept tons et deux demi-tons diatoniques. — *1613*. $\frac{6}{2}$, $\frac{6}{4}$, $\frac{6}{8}$, $\frac{6}{16}$. — *1614*. La neuvième majeure. — *1615*. Sol double dièse. — *1616*. La quarte juste.

Devoir.

Dictée.

SOIXANTE-NEUVIÈME LEÇON.

Réponses au Questionnaire.

1617. Un ton. — *1618*. Un ton, un demi-ton diatonique. — *1619*. Deux tons, deux demi-tons diatoniques. — *1620*. Quatre tons, un demi-ton diatonique. — *1621*. Deux tons, un demi-ton diatonique. — *1622*. Deux tons, un demi-ton chromatique. — *1623*. Quatre tons ou trois tons, un demi-ton diatonique et un demi-ton chromatique. — *1624.* Cinq tons, un demi-ton diatonique. — *1625.* Un ton, deux demi-tons diatoniques. — *1626.* Cinq tons, deux demi-tons diatoniques. — *1627.* Ut mineur, Si bémol majeur, Sol mineur, La bémol majeur et Fa mineur. — *1628.* Soixante-quatre.

Devoir.

Ce devoir est dans le ton de Sol majeur.

Dictée.

SOIXANTE-DIXIÈME LEÇON.

Réponses au Questionnaire.

1629. La septième majeure. — *1630.* La septième mineure. — *1631.* La septième diminuée. — *1632.* Un demi-ton diatonique.— *1633.* Un ton un demi-ton chromatique. — *1634.* Une seconde majeure. — *1635.* La blanche pointée. — *1636.* Do, Ré, Mi, Fa. — *1637.* Trois. — *1638.* Rien à l'armature. — *1639.* Do, Si bémol, Fa. — *1640.* $\frac{4}{4}$.

Devoir.

SOIXANTE ET ONZIÈME LEÇON.

Réponses au Questionnaire.

1641. La sixte majeure. — *1642.* La sixte diminuée. — *1643.* La sixte mineure. — *1644.* La sixte augmentée. — *1645.* Deux tons, trois demi-tons diatoniques. — *1646.* Un ton, un demi-ton diatonique. — *1647.* Deux demi-tons diatoniques. — *1648.* Trois tons, deux demi-tons diatoniques. — *1649.* Triton. — *1650.* Six — *1651.* Si bémol. — *1652.* Do double bémol.

Devoir.

SOIXANTE-DOUZIÈME LEÇON.

Réponses au Questionnaire.

1653. La quinte sur-augmentée. — *1654*. La quinte juste. — *1655*. La quinte sous-diminuée. — *1656*. La quinte diminuée. — *1657*. La quinte augmentée. — *1658*. Quatre tons, un demi-ton chromatique. — *1659*. Deux tons, deux demi-tons diatoniques. — *1660*. Trois tons, un demi-ton diatonique. — *1661*. Trois tons, un demi-ton chromatique. — *1662*. Un huitième de soupir. — *1663*. La, Si bémol, Do dièse, Ré. — *1664*. Fa bémol.

Devoir.

Dictée.

SOIXANTE-TREIZIÈME LEÇON.

Réponses au Questionnaire.

1665. La quarte augmentée. — *1666.* La quarte sous-diminuée. — *1667.* La quarte sur-augmentée. — *1668.* La quarte juste. — *1669.* La quarte diminuée. — *1670.* Trois tons, un demi-ton chromatique, ou deux tons, deux demi-tons chromatiques et un demi-ton diatonique. — *1671.* Un ton, trois demi-tons diatoniques. — *1672.* Trois tons, un demi-ton diatonique. — *1673.* Un ton, deux demi-tons diatoniques . — *1674.* Deux tons, deux demi-tons diatoniques. — *1675.* Quatre. — *1676.* Ut dièse mineur, La majeur, Fa dièse mineur, Si majeur, Sol dièse mineur.

Devoir.

Dictée.

SOIXANTE-QUATORZIÈME LEÇON.

Réponses au Questionnaire.

1677. La tierce augmentée. — *1678.* La sixte mineure. — *1679.* La tierce mineure. — *1680.* La sixte augmentée. — *1681.* Deux tons, trois demi-tons diatoniques. — *1682.* Quatre tons, un demi-ton diatonique. — *1683.* Quatre tons, deux demi-tons diatoniques. — *1684.* Douze. — *1685.* Vingt-quatre. — *1686.* Sol dièse, Do dièse, Ré dièse.—*1687.* Fa, Si bémol, Do. — *1688.* Ré dièse, Mi dièse, Fa dièse, Sol dièse.

Devoir.

Cet exercice est dans le ton de Fa mineur.

Dictée.

SOIXANTE QUINZIÈME LEÇON.

Réponses au Questionnaire.

1689. Un ton. — *1690.* Trois tons, ou deux tons, un demi-ton diatonique et un demi-ton chromatique. — *1691.* Trois tons, trois demi-tons diatoniques. — *1692.* La quarte augmentée. — *1693.* La seconde mineure. — *1694.* La septième mineure. — *1695.* $\frac{4}{4}$. — *1696.* Trente-deux. — *1697.* Fa majeur, Do majeur, La mineur, Si bémol majeur, Sol mineur. — *1698.* La seconde. — *1699.* Fa dièse, Si. — *1700.* Sol dièse.

Devoir.

Cet exercice est dans le ton de Sol ♯ mineur.

Dictée.

SOIXANTE-SEIZIÈME LEÇON.

Réponses au Questionnaire.

1701. Cinq tons, deux demi-tons diatoniques. — *1702.* La quinte juste. — *1703.* La tierce majeure. — *1704.* La quarte, la quinte et l'octave. — *1705.* La seconde, la tierce, la sixte et la septième. — *1706.* Quatre. — *1707.* Douze. — *1708.* $\frac{3}{1}$. — *1709.* $\frac{12}{4}$. — *1710.* $\frac{9}{16}$. — *1711.* $\frac{4}{4}$ ou $\frac{2}{2}$ ou **C**. — *1712.* $\frac{6}{16}$, $\frac{9}{16}$, $\frac{12}{16}$.

Devoir.

Cet exercice est dans le ton de Si ♭ mineur.

Dictée.

SOIXANTE-DIX-SEPTIÈME LEÇON.

Réponses au Questionnaire.

1713. Une tierce. — *1714.* La clef de Sol 2ᵉ ligne.— La clef d'Ut 2ᵉ ligne. — *1715.* La clef d'Ut 1ʳᵉ ligne.— La clef de Fa 3ᵉ ligne. — *1716.* Fa double dièse. — *1717.* Do double dièse. — *1718.* Do double dièse. — *1719.* Si dièse. — *1720.* Si double bémol. — *1721.* La seconde mineure. — *1722.* La mesure à $\frac{3}{2}$. — *1723.* La quinte diminuée : Do, Sol bémol. — *1724.* $\frac{6}{4}$, $\frac{9}{4}$, $\frac{12}{4}$.

Devoir.

Dictée.

SOIXANTE-DIX-HUITIÈME LEÇON.

Réponses au Questionnaire.

1725. La transposition consiste à mettre dans un ton ce qui est écrit dans un autre; c'est élever ou abaisser à un intervalle déterminé toutes les notes d'un morceau de musique. — *1726.* En deux manières. — *1727.* La transposition par l'écriture consiste à transcrire à un intervalle déterminé chacune des notes d'un morceau donné. — *1728.* Trois dièses. — *1729.* On transpose à une sixte majeure ascendante ou à une tierce mineure descendante. — *1730.* Fa dièse. — *1731.* Fa dièse. — *1732.* La bémol. — *1733.* Sept bémols. — *1734.* La neuvième augmentée. — *1735.* Cinq dièses. — *1736.* $\frac{6}{16}$.

Devoir.

SOIXANTE - DIX - NEUVIÈME LEÇON.

Réponses au Questionnaire.

1737. Pour transposer un morceau par la lecture, il faut *1º* changer la clef, *2º* changer l'armature, *3º* modifier certains signes d'altération accidentels quand ils se présenteront dans le courant du morceau. — *1738.* On se servira de la clef d'Ut 2ᵉ ligne; le ton nouveau sera celui de Ré mineur. — *1739.* On transpose à la seconde supérieure (ou à la septième inférieure). — *1740.* On transpose à la seconde inférieure (ou à la septième supérieure). — *1741.* La clef d'Ut 4ᵉ ligne. — *1742.* A la tierce inférieure ou à la sixte supérieure. — *1743.* La dièse. — *1744.* Ré, Sol, La. — *1745.* La clef d'Ut 1ᵉʳᵉ ligne. Le ton nouveau sera celui d'Ut majeur. — *1746.* Sol, La bémol, Si bécarre, Do. — *1747.* Sol. — *1748.* La clef d'Ut 4ᵉ. — La clef de Fa 3ᵉ. — La clef d'Ut 3ᵉ. — La clef de Sol 2ᵉ.

Devoir.

QUATREVINGTIÈME LEÇON.

Réponses au Questionnaire.

1749. Le ton de La majeur prenant trois dièses et le ton de Fa majeur un bémol, les altérations accidentelles seront modifiées devant les notes Si, Mi, La, Ré, qui seront baissées d'un demi-ton chromatique. — *1750.* Ré majeur. — *1751.* La clef d'Ut 3ᵉ ligne. — *1752.* La clef nouvelle sera celle d'Ut 4ᵉ ligne; le ton de Si bémol majeur contenant un bémol de moins que celui de Mi bémol, les altérations accidentelles seront modifiées devant la note Fa qui sera haussée d'un demi-ton chromatique. — *1753.* A la seconde majeure inférieure ou à la septième mineure supérieure. — *1754.* Ré bémol majeur. — Fa dièse majeur. — La bémol mineur. — Mi bémol mineur. — *1755.* A la quarte juste inférieure ou à la quinte juste supérieure. — *1756.* On module en Fa dièse mineur. — *1757.* Le ton de Ré majeur contenant 3 dièses de moins que celui de Si majeur, les altérations accidentelles seront modifiées devant les notes, Si, Mi, La, qui seront abaissées d'un demi-ton chromatique. — *1758*. Do dièse, Mi bémol (3ce diminuée); Do dièse, Fa (4te diminuée); Do dièse, Sol (5te diminuée); Do dièse, La bémol (6te diminuée); Do dièse, Si bémol (7e diminuée); Do dièse, Do (8ve diminuée). — *1759*. Ré bémol, Mi (2de augmentée); Ré bémol, Fa dièse (3ce augmentée); Ré bémol, Sol (4te augmentée); Ré bémol, La (5te augmentée); Ré bémol, Si (6te augmentée); Ré bémol, Do dièse (7e augmentée); Ré bémol, Ré (8ve augmentée). — *1760*. La clef de Sol 2e ligne. — Si bémol majeur. — Les altérations accidentelles seront modifiées devant les notes Si, Mi, La qui seront abaissées d'un demi-ton chromatique.

Devoir.

Dictée.

FIN.

Paris, Imp. A. Chaimbaud & Cie.— PARIS, EMILE DELORISSE, GRAV.

9 782329 312224